重慶府涪州志卷之二

官制

羲軒昊頊之間龍官鳥紀唐虞十六夏商倍之周過三百是爲大備秦漢而下設官分職代有增減

國朝翊運奮興建官之制視前古更爲得宜或因地爲繁簡或因時爲損益久任以固民心重祿以養廉恥吏胥諸役亦不濫設均得節用裕民之意誠一代之良法也作官制志

分巡下川東兵備道一員 駐劄涪州 奉裁

知州一員額設俸銀捌拾兩

吏房司吏一名 奉裁

典吏一名 經制

戶房司吏一名 奉裁

典吏一名 經制

禮房司吏一名 奉裁

典吏一名 舊裁 康熙五十三年復設

兵房司吏一名奉裁

典吏一名舊裁康熙五十三年復設

刑房司吏一名奉裁

典吏一名經制

工房司吏一名奉裁

典吏一名舊裁康熙五十三年復設

廣盈庫典吏一名奉裁

架閣庫典吏一名奉裁

承發房典吏一名舊裁康熙五十三年復設

郵驛房典吏一名奉裁

預備倉典吏一名奉裁

門子二名額設工食銀一十二兩今除扣荒實支

銀二兩三錢

皂隸八名額設工食銀四十八兩今除扣荒實支

銀九兩二錢

步快十六名額設工食銀九十六兩今除扣荒實

支銀一十八兩四錢
馬快十二名額設工食銀七十二兩今以扣荒全
裁
轎傘扇夫七名額設工食銀四十二兩今除扣荒
實支銀八兩
庫子二名奉裁　斗級二名奉裁
燈籠夫四名奉裁　城門夫五名奉裁
州判壹員奉裁
吏目壹員額設俸銀三十一兩五錢二分

攢典一名舊裁役設
書識四名扣裁
門子一名額設工食銀六兩今除扣荒實支銀一
兩一錢五分
皂隸四名額設工食銀二十四兩今除扣荒實支
銀四兩六錢
步快八名額設工食銀四十八兩今以扣荒全裁

馬夫一名額設工食銀六兩今照加荒實支銀一
兩一錢五分

武林司巡檢壹員額設俸銀三十一兩五錢二分

攢典一名 經制

書識二名 招設

門子一名額設工食銀六兩今照加荒實支銀一
兩一錢五分

皂隸四名額設工食銀二十四兩今照加荒全裁

弓兵八名額設工食銀四十八兩今照加荒全裁

馬夫一名額設工食銀六兩今照加荒實支銀一
兩一錢五分

儒學學正壹員額設俸銀三十一兩五錢二分

攢典一名 經制

書識二名 招設

門斗二名額設工食銀六兩今照加荒實支銀
一兩一錢五分

齋夫二名額設半工食銀六兩今除扣荒實支銀
一兩一錢五分
儒學訓導一員額設半俸銀一十五兩七錢五分
門斗二名額設半工食銀六兩今除扣荒實支銀
一兩一錢五分
齋夫二名額設半工食銀六兩今除扣荒實支銀
一兩一錢五分
各壇廟祭祀銀一百[illegible]四十八兩今除扣荒實
涪州示[illegible]閏[illegible]奉[illegible]官[illegible]捕[illegible]五
支銀一十六兩
會試文武舉人盤費銀五十六兩今併歸
藩庫起支[illegible]
歲貢廷試旗匾盤費銀三十三兩七錢五分今扣
荒全裁
涪陵本驛舊設站船七隻每隻水手二名梢夫六
名於康熙元年奉文裁汰四隻僅存三隻又于
康熙四十八年奉裁一隻實存二隻在站應差

額設工食銀一百六兩六錢七分具領赴

臬庫支給

武陟縣小江舊設站舡五隻今奉裁僱募應差

官籍

聞之建官惟賢位事惟能故周官以六計蔽羣吏總不外賢能以爲用後世循良之績莫盛於漢而唐宋以下亦必選臺閣名臣爲之我
國朝建官必嚴銓選之法雖因革不同而惟賢惟能之意千載有同揆矣作官籍志

知州

漢

龐肱

唐

南承嗣　張濤

韓秀昇

宋

姚滇　吳光輔

趙汝廩　王儒

元

倌嘉閭

明

邵　賢 宣德年任江南宜興人　方大樂 江西人進士

廖　森　余　光

王有仁 萬曆年任江西太和人進士　張時廸 萬曆年任舉人

李陶成 萬曆年任舉人　劉曰彩 萬曆年任江西南昌人舉人

朱家民 萬曆年任雲南人進士　郭維藩 萬曆年任舉人

黃　壽 萬曆年任江西南城人進士　朱毅臣 天啓年任江西進賢人舉人

韓邦哲 天啓年任湖廣黃岡人舉人　張應爵 崇禎年任浙江山陰人舉人

王嗣興 崇禎年任浙江人舉人　聶雲門 崇禎年任湖廣石首人舉人

黃應祥 崇禎年任貴州龍里衛人舉人

馮旻談 崇禎癸未年任江南六合人舉人到任未幾值獻賊入川民多屠戮四野廢耕公多方賑救撫恤遺民稍存迄今諸人德之

國朝

吳調元 康熙元年任江南人舉人　朱麟禎 康熙三年任遼東人廕生

蕭星拱 康熙十九年任江西人保舉　孟時芬 康熙三十一年任浙江人監生

楊應元 康熙三十九年任浙江人吏員
徐烺 康熙四十一年任奉天人監生
董維祺 康熙四十二年任奉天人官監

州判

宋

曹叔遠
李維清

學正

國朝

岳世選 遵義人舉人
萬恪 富順人舉人
曾光祖 遵義人舉人
段朝倚 南川人貢生
鄒正元 洪雅人舉人
羅雲師 遵義人舉人

訓導

國朝

苟若荀 南充人貢生
王繩武 遂寧人貢生
孫于朝 綿州人貢生

吏目

國朝

王運亨 浙江人吏員　張以平 浙江人吏員

郭 汶 山東人吏員　陳啓謨 順天人監生

李文煥 江南人例監

武隆知縣

明

黄 貞 山東人　李良金 雲南昆明縣人

國朝

張羽興 遼東人廕生　喬 楠 江南江陰人進士

武林司巡檢 康熙七年裁

劉嗣盛 順天人吏員　欒廷機 浙江人吏員

王嘉秩 山西太平縣人吏員　沈國璋 順天人吏員

邵燮彪 順天人吏員

學校

士登闕里之堂睹車服禮器輒流連生慨慕教化之興良有以也涪陵士風彬郁尊師儒重文教亦因其宜第古制日湮諸生以時習禮爲故事塾庠之法闕焉不講非建學明倫誠爲治化之首務也作學校志

聖廟　在治南中爲大成殿兩翼爲廡各五間前爲戟門三間爲櫺星門石坊一座戟門外爲泮池橋三座殿西爲啓聖祠三間西南爲明倫堂三間戟門東爲名宦祠一間西爲鄉賢祠一間櫺星門左有東壁閣道光末建按

文廟自明萬歷中守道陳大道門建兵燹之後傾圯無存

國朝定鼎署州牧趙延禎重建自康熙甲寅歲吳逆變亂皆傾毀康熙四十六年州守董維祺捐俸倂紳衿輸貲門新重建

正殿中懸

御書萬世師表四字扁額

祭器

銅爵四十　香爐十六

燭臺十六對　籩一百二十

豆一百二十　祝板一

以上各祭器知州董維祺捐製交學官收貯

祭典附

文廟春秋祭祀於二月八月上丁日州官主祭學官

分祭儒學生員贊禮先期省牲

祭品

先師酒三爵帛一篚大羹一登和羹二鉶黍稷二簋

稻粱二簠鹽藁魚棗栗榛芡菱鹿脯鮩糗餌餈十

二豆羊一俎豕一俎

四配酒三爵帛一篚大羹一登和羹二鉶黍一簋

稷一簠鹽棗栗鹿脯菱榛魚六籩菁芹筍鹿兔魚

醢六豆羊一亟豕一亟

十哲東五位酒一爵帛一篚和羹一鉶黍一簠稷一簋塩棗栗鹿脯四籩菁芹兎鹿四豆羊一亟豕一亟西五位亦如其数

兩廡每廡每四位酒四爵帛一篚黍一簠稷一簋塩棗栗鹿脯四籩菁芹鹿兎醢四豆羊四亟豕四亟

禮生通賛 引賛 排拭 陳設監宰 瘞毛血 奉帛 執爵 盥洗 司尊 讀祝 徹饌 司香燭 司庫 司厨 祭文曰惟

師德配天地道貫古今删述六經垂憲萬世今兹仲春秋謹以牲帛醴齋粢盛庶品式陳明薦云云

啓聖宮祠祀以先賢顔無繇曾點孔鯉孟氏先賢程珦朱松蔡元定七人配享

啓聖酒三爵帛一篚大羹一登和羹三鉶黍稷二簠稻粱二簋棗栗塩藁魚四籩韭菁葅醓醢四豆羊

一函豕一函

禮生通贊 引贊 陳設 監宰 瘞毛血

奉帛 執爵 盥洗 司尊 讀祝 徹饌

司香燭 司庫 司廚 祭文曰惟

神鍾和會粹誕育 聖躬功德罔極萬世攸崇今茲

仲春秋 謹以牲帛醴齋粢盛庶品式陳明薦云云

名宦祠春秋繼文廟而祭之 祭文曰

德音孔嘉民受其賜澤流伊長不啻百世惟棠有

陰是芟是庇詔我後人以瞻以祠

鄉賢祠春秋與名宦並祭焉

祭文曰浩山毓秀浩水鍾靈惟多君子乃其若人

前賢踐履後學儀型文物既昌風化亦淳

文昌宮春秋繼文廟祀之 四賢祠亦繼而

祭之

社稷壇春秋繼上丁出主於壇而祭之

風雲雷雨之神 本州山川之神

本州城隍之神春秋繼社稷壇出主請城隍於壇
而祭之
關帝廟　土地祠同日祭之
本州厲壇三月清明七月望十月朔牒請城隍之
神主其壇榜無祀鬼神分而祭之

禮制

先王治定制禮以辨上下定民志典至重也聖人
後垂之爲經而三百三千所以綱維乎世者抑何
密歟
國朝釐定舊章煥乎明備凡民間冠婚喪祭祇各從
乎土俗之所宜而不能變然而表率之權則在有
司故凡禮之係乎朝常關乎治體者不可不躬踐
也作禮制志

朝賀

聖誕知州率僚屬設儀仗具朝服先一日習儀於別
寺迎
龍亭於州堂至日黎明行
朝賀禮如制
元旦冬至禮亦如之

儀仗

龍亭一扇二傘二龍幢一香亭一戈戟刀鐙棍斧立

瓜卧瓜合旗清道皆各二

日月救護

日食月食知州率僚屬具朝服於州堂伐鼓行禮救護並集僧道巫覡於堂下各鳴金鼓樂器共救之

鄉飲酒禮

歲正月望十月朔詣州學行鄉飲酒禮州官率僚屬迓賓於儀門外既入行禮大賓位於西北介西南衆賓正西主位於東南僎東北僚屬正東司正以教職爲之賓以下序齒主以下序爵僎則鄉人仕至大夫助主人而遵法者也禮生通贊引贊工歌擊鼓擊鐘揚觶讀律讀誥

涖任禮

州官上任禮先一日致齋於城隍廟上任日具公服祭城隍畢詣州衙拜儀門至月臺望東北行謝恩禮畢陞公座行參見禮畢乃諭僚屬畢乃署公移畢乃饗官屬父老

賓興禮

應試生員先期學官起送畢州守簽吉行賓興禮

諸生就州大堂行叅謁禮以次列坐飲畢上仙橋

簪花鼓樂前導送郊外州守復置酒舉觴祖餞

鞭春禮

立春先一日州官具公服列儀從迎於東郊至日

昧爽州官率僚屬行鞭春禮如制

名宦

一代治忽係乎司牧而保乂斯民職甚鉅也在昔龔黃濳卓世有循聲史不絕書若後之德政去思又成俗濫至於登諸傳乘以傳不朽者則見直道之不容泯也作名宦志

漢

龐　肱　龐士元子守涪陵有善政民甚德之

壽　緝　字文平成都人民之弟舉茂才自歷城令擢涪陵守清廉有治聲

任　蕃　號憲祖與孝廉由新都令任涪陵太守民懷其德

唐

韋　皋　字武城萬年人節度西川治蜀二十年歷破土番四十八萬斬首五萬餘級善撫士卒周恤民隱蜀人德之圖形模拜涪民亦祀之

南承嗣州守奉命戡罷夷寇晝夜不釋甲有志

烈譽柳子厚爲序送之

張　濬光啓中涪陵刺史郡舊乏井泉濬尋山谷之源以導其流民賴其利爲勒引水碑記

宋

姚　涣知涪時賓化夔多犯境涣施恩信撫納酋豪爭相羅拜庭下後遂無警

吳光輔涪南水泛多渰民居光輔疏之民免其害

故號吳公溪其孫伯仲繼守是邦臨溪建堂

黃廷堅字魯直洪州人謫涪州別駕瞻懷遠思民皆稱慕

程　頤號伊川謫涪州司戶演易北岩時從遊者若尹和靖朱晦翁蔡元定邵康節諸先生皆寓其中而涪人至今數百年取科第者必以易爲專經焉

必以保障爲務焉

者處其中而讀[illegible]今數百年[illegible]者

涪州[illegible]未有[illegible]以上

程頤 號伊川河南人[illegible]

詳伊洛淵源

黃庭堅 字魯直洪州人[illegible]民

[illegible]

吳光輔 涪南水[illegible]民免其害

[illegible]相羅拜[illegible]

[illegible]知涪州[illegible]境[illegible]撫納[illegible]

宋

之源以導其流民賴其利[illegible]引水碑記

[illegible]中[illegible]井泉[illegible]山谷

[illegible]之入

[illegible]

趙汝廩知涪州歉則貸公庾豐則貯義倉勸農興學民立生祠於學宮以配黃程伊譙祀享焉

李惟清涪陵尉蜀尚淫祀病不醫療聽命巫覡惟清擒大巫笞之民以爲及禍他日又加笞焉民知不神然後教以醫藥風俗稍變

曹叔遠字器遠瑞安人紹興元年進士判涪州有善政後徙遂寧時營卒相率稱亂勢張甚及至遂寧境慨戒其徒毋肆暴曰此江南好官也歷官侍郎謚文肅

王偲任涪時元兵攻圍無虚日勢孤援寡宋亡一年城始破竟卒盡節焉

明

邵賢宣德中以員外郎出守涪州作新城廣民居興學校殄巨寇涪人德之

方大樂江右人由進士守涪六載獄訟衰息囹圄

空虛接納衿如僚友愛士類如門徒村落
無夜吠之犬城市有夙儲之粟
廖　森十載州牧民歌慈母時講藝學宮衡文泮
水一時涪陵科第十有餘人皆出其門民
伏闕保留故復任且再復任焉
朱家民雲南人萬曆中守道陳大道修學宮家民
贊助速成極爲大觀吏廣置學田以養士
類後歷遷貴陽方伯猶有遺愛及涪士民

雖揚數十年而户祝不倦焉
黄　真曲阜人洪武中知武隆爲政廉平興利除
害善良獲安家右屛迹
李艮金昆明人嘉靖間知武隆剛方廉靖善處邊
情適報遷官酋長賂以金不受單騎而去
行李蕭然士民泣送之
國朝
李國英字培之山西大同人順治二年以總兵官

督師下川蕩平全蜀以功奏敘授巡撫旋
晉太子太保再平川東諸寇復進陞川湖
總督後援楚旋師卒於渝城官署
欽賜祭葬　贈謚勤襄
南朱馬喇長白山蜆出江人也時逆獻猖獗以都
統前鋒統領同前鋒護衛南公隨
肅王定川公惟運籌帷幄積懋旂常因以誥
封光祿大夫前鋒統領一等阿思哈呢哈

番兼管佐領加三級
御賜名充爾喀巴圖魯
南伊馬喇長白山蜆出江人以前鋒護衛隨
肅王定川其戰攻功積載在
國史遂誥封光祿大夫世襲一等阿思哈呢
哈番加三級兼管佐領
趙良棟勇略將軍
姚締虞四川巡撫

杭愛長白山人巡撫四川都察院右副都御史

葛爾圖長白山人巡撫四川都察院右副都御史

郎廷相四川布政使司

高起龍遼東人任四川布政使司陞任巡撫貴州都察院右副都御史公清廉律己慈惠居心蹕泉築堰建學崇儒士庶感戴今猶不忘

郝　裕四川巡按

劉德芳遼東人四川等處提刑按察使司公潔己無私祥刑敷教訟洽輿情蒼生被德

周　燦陝西人提督川省學政按察司僉事前出使安南國加一品服色公振拔孤寒十獘屏絕

王　騭四川松茂道

鄉賢

古稱鄉先生沒而可祀于社者豈易言哉蓋必其德望勳猷有以允恊於桑梓也涪地名賢輩出本末昭然足以垂後世而享俎豆于不愧耳作鄉賢志

宋

譙　定初喜學佛折其理以歸於儒後至汴學易於程子造詣愈至其後程子貶涪定又從之靖康初召爲崇政殿說書以論不合辭去高宗即位定猶在汴召遣詣行在將大用之會北兵至遂歸青城山蜀人稱曰譙夫子年百三十猶授易於涪後不知所終云

楊　載以功名自負金立劉豫載白張浚願得百兩橫行敵中當手刃劉豫以報丞相浚壯其言遂遣之載偕十士至金僞降金任之

行及間豫果廢及歸十士已亡其八矣後

以聞授知永陸縣

明

白　勉進士歷官刑部侍郎練達刑名有匡濟才

及卒諭賜以祭有剛方清介之褒鄉人榮

之

夏　銘進士任御史深得憲體母歿廬墓三年著

四書啟蒙以訓後學

劉　岌進士清慎謙和歷官兩朝存注獨隆以禮

部尚書加太子太保致仕家居恂恂身如

常布衣鄉人稱之享年八十有五

劉　菃進士正德初任戶科都給事中官瑞劉瑾

擅權潛謀不軌公首倡疏極言其奸廷杖

幾斃下獄罰戍瑾敗世宗初復起江西廉

憲卿貳等官皆以杖疾傷足未就竟卒賜

塋諭祭廕其家謚忠愍省會郡城建有坊

維正氣等坊大節名臣等祠有秋佩先生
文集并名臣奏疏行世
夏邦謨成化戊辰進士歷任工戶吏三部尚書勲
績茂著卒世宗兩次諭祭勒碑墓前
譚　棨進士任陝西大叅居家孝友歷官清廉
張　鋌以鄉薦任知州剛正孝友以所居作祠堂
率族衆修祀事鄉人化之
文翔鱗嘉靖中舉人任陝州知州歷任廉平居家

孝友養重林樂公庭絕跡尤以文墨著于
孫科第蟬聯不絕
夏國孝嘉靖癸未進士歷官南京戶部員外郎辭
歸終養行李蕭然如寒士居火峯灘以詩
文自娛足不入城市纂著涪志及諸文集
曾所能嘉靖鄉舉任雲南石屏州知州丰儀倜儻
言語慷慨居鄉著孝友聲居官以愛民爲
本盡心水利州人至今思之

夏子雲嘉靖中鄉舉從文肅談理學因嘆曰丈夫不恥不聞道乃艷一第耶自是躡蹻爲五嶽遊久之謁選知舒城縣時有貴人以事枉道舒勢强盛雲不爲理貴人踉蹌而去竟坐不稱調判寧州遷判岳州治九溪馭諸武弁嚴毅不少假借威令大行當道屢薦進五品服俸陞衡州同知尋引歸居家孝友種德樂施里人稱之所著有少素文集行世

何楚嘉靖中知松滋縣生平言動不苟盛暑不廢衣冠七歲嘗糞以療父病老年竭力以事伯兄所有錢穀推贍族人鄉稱其賢

張善吉成化丙戌進士由行取爲兵科都給事中陞湖廣巡撫崇祀名宦

文作進士隆慶間知聞喜縣以治最徵歷武選郎贊議帷幄平遼之役其功居多陞雲南

大參分守臨沅時羅雄土舍秋父据險潛謀不軌作奉檄剿之賊黨再叛復剿平之先後以功上聞制褒陞廣西布政加一品服俸

何仲山成化丁酉舉人任武安令抗賊不屈卻金不受崇祀名宦又祀鄉賢

劉養充進士萬曆初令祥符繼任韓城大康皆以廉著行取廣東道御史大差貴筑時土司鬮亂以巨萬賄遺直送私室充悉以法絕之轉臨鞏兵憲補葺長城百里衣惟布素邊儲不減系毫邊皆感其廉肅歸裝蕭然竟以勤王冬瘁卒於邊檢囊惟經衍半端圖書数篋而已是日塗悉巷泣雖邑裘之倫亦通使致吊其居鄉也謹厚敦族遜讓接友時人謂有其祖忠愍公之訓焉

文德進士山西道御史歷任有廉聲後典兵陝

多得士心崇祀名宦

陳致孝開塾設教科第咸出其門事母趙氏極孝時子直出仕陝西淵縣迎養祖母途遇盗賊致孝以身覆其母曰此吾老母也諸盗任取焉勿驚駭吾母賊義之曰此孝子也釋而去之

陳直年少登科志篤孝友以祖母趙氏守節九十有餘隨就教仁壽迎養盡歡凡有所獲平分两弟不私毫釐後知陝西湄縣立有生祠繼任江西廣信府丞蒋署永豐縣縣民以奉檄開鑛累害士君十室九空民無寧日直挺身不避權貴爲民捍禦力除民害因祀名宦有碑刻傳世

曹愈参進士歷官参政有一路福星之謡生平不欺童穉長厚頌於閭里官至方面家如寒素萬暦三十九年任昌平兵備道停止礦

稅捕戢盜賊除强暴清營蠹軍民懷德建
生祠祀之詳北直名宦志
何以讓舉人任武昌令判大名府陳情終養贈懿
孝名儒者有兩都等賦行世
向雲程謙和睦衆人稱長者行年八十畧無纖過
子男貴顯屢受誥錫仍徒行鄉曲衣不重
帛口不絶夫典故行不愧於家邪
張 箎縣人儉素剛方作縣令歸食多不足单衣

林下延館訓子洵爲廉吏故子大業亦中
鄉闈
文可黼布政作之子也父殁事母陳氏最孝母六
十而瞽黼起居必侍飲食必親積二十年
母九十乃卒旣塟廬墓三年以明經任長
泰令治行卓異卒於官泰人私謚清毅公
陳 藎致孝次子中萬曆丙午鄉試歷任藥城良
鄉兩縣陞至福建運使居官十五年廉聲

徧著崇祀廣信名宦祖母守節六十年蓋
自疏題因建貞節石坊在州城北門外

向

喁進士爲人剛正不阿官由長興令至潼關
叅政歷四任俱多政蹟居鄉好施于涪郡
荒旱喁代涪民輸賦一年又捐貲建北塔
工將半遇賊變而止雖未成功涪人皆德
之

向牖竊貢士叅政喁之子也兵燹之後家最貧乏
隱居璦巖惟以詩酒自娛非公事不至公
庭日與老友數人遊詠時人以洛社耆英
目之

科第

科目之盛自漢唐以來久矣大約非弘才宿養者不能及其出處大節各以績業著又不係此區區也然山川鍾秀亦未易多數而沂之登科者在明已盛至

國朝人文蔚起不更爲地乘光耶作科第志

進士

明

白　勉　永樂乙未科任刑部郎中　　夏　銘　宣德庚戌科任御史

劉　岌　景泰甲戌科任禮部尚書　　郭　澄　天順丁丑科任戶部郎中

劉　紀　天順癸未科任御史

張善吉　成化丙戌科任兵科都給事中轉湖廣巡撫上章乞歸省

錢　玉　成化壬辰科　　劉　湉　弘治己未科任戶部都給事中

張　柱　弘治壬戌科任貴州思州府知府陞嶺南道叅政

夏邦謨　正德戊辰科任吏部尚書　　黃景星　正德辛未科

黃景夔　正德甲戌科　　夏國孝　嘉靖癸未科任南京戶部員外

譚棨 嘉靖戊戌科任陝西參政　譚臯 嘉靖庚戌科任僉事道

黎元 嘉靖丙辰科任參議道　王堂 嘉靖己未科任郎中

徐尚 嘉靖壬戌科任副使道　文作 隆慶戊辰科任廣西布政

劉養克 隆慶辛未科任廣東御史　文德 萬歷庚戌科任御史

何儒 萬曆癸未科任陝西參政　曹愈參 萬曆丙戌科任都御史

況上進 萬曆己丑科任都御史　楊景淳 萬曆己丑科任兵部郎中

張與可 萬歷己丑科任河南副使道　向畀 天啓己丑科任潼關參政

劉起沛 崇禎戊辰科任中書

國朝

文景藩 康熙癸丑科

舉人

明

吳艮 洪武甲子科　李瑞 洪武庚午科

周茂 洪武庚午科　何清 洪武庚午科

舒忠 建文己卯科　程素 永樂甲午科

萬琳 永樂甲午科　樊廣 永樂丁酉科

景倫 永樂丁酉科　冷潤 永樂丁酉科

蒲珍 永樂丁酉科　徐福 永樂庚子科

錢廣 永樂庚子科　王旭 永樂庚子科

張奎 永樂庚子科　劉文宣 宣德丙午科

查一英 宣德壬子科　盛輝 宣德己酉科

宋成 宣德壬子科　石顯 正統戊子科

張玄 正統辛酉科解元任山東濟南府教授

陳裕 正統辛酉科　冉恵 正統辛酉科

張政 景泰庚午科　汪漢 景泰庚午科

王璉 景泰庚午科　張經 景泰癸酉科

張環 景泰丙子科　蔣爕 景泰丙子科

吳敬 景泰丙子科　石珠 天順己卯科

楊春 天順己卯科　劉智懋 天順己卯科

周欽 天順壬午科　樊芳 成化戊子科

陳貫 成化戊子科　陳本典 成化辛卯科

何仲山 成化丁酉科 仕武安令

熊 瑾 成化丁酉科

湯志崇 成化丁酉科

胡 裕 成化庚子科

吳 蒙 成化庚子科

文 獻 成化癸卯科

陳良能 成化丙午科 任知縣

程 馴 弘治己酉科

胡廷寶 弘治乙卯科

方 斗 正德甲子科

劉用良 正德甲子科

潘利用 正德癸酉科

張 佑 正德丙子科

張 模 正德丙子科 任湖廣京山知縣

徐 鳳 嘉靖乙酉科

劉承武 嘉靖辛卯科

陳宗堯 嘉靖丁酉科

張 鋌 嘉靖丁酉科

夏子賓 嘉靖庚子科

毛有修 嘉靖庚子科

張信臣 嘉靖庚子科

羅文燦 嘉靖癸卯科

蔣三近 嘉靖丙午科

錢 節 嘉靖丙午科

張建道 嘉靖乙卯科 任湖廣靖州知州

朱之楨 嘉靖乙卯科

文羽麟 嘉靖戊午科 任陝西知州

夏子諒 嘉靖戊午科

張 篚 嘉靖戊午科

夏可渙 嘉靖辛酉科

任之東 嘉靖辛酉科

朱之蕃 嘉靖甲子科

張仕可　嘉靖甲子科

曾所能　嘉靖甲子科任石泉州知州

包能讓　隆慶丁卯科

張武臣　嘉靖丙子科任思州府推官

張建功　隆慶庚午科任九江縣知縣

鄧明選　隆慶丁卯科

冉維藩　隆慶庚午科

林起鳳　隆慶庚午科

陳光宇　隆慶庚午科

沈　憲　隆慶庚午科

趙之垣　隆慶庚午科

袁國仁　萬曆癸酉科

王承欽　萬曆丙子科任主事

張同仁　萬曆己卯科

晏可清　萬曆己卯科

朱之聘　萬曆己卯科

陳　立　萬曆壬午科任廣西府丞

劉　遜　萬曆壬午科

皮宗詩　萬曆壬午科

張　鎔　萬曆壬午科任蘇州府同知

何以讓　萬曆戊子科任大名府通判

張大業　萬曆戊子科

袁　門　萬曆丁酉科

沈漸學　萬曆丁酉科

劉養楝　萬曆癸卯科

文可淳　萬曆丙午科

陳　藎　萬曆丙午科

晏可雷　萬曆己酉科

朱震宇　萬曆己酉科

文　英　萬曆戊午科

劉廷讓　崇禎甲子科

陳計安　崇禎甲子科

劉逼 崇禎丁卯科

陳詩長 崇禎丁卯科

陳正 崇禎丁卯科

何龍鶯 崇禎丁卯科

羅若彥 崇禎庚午科

文可茹 崇禎庚午科

文而章 崇禎庚午科

陳大元 崇禎庚午科

潘騰珠 崇禎癸酉科

張之奇 崇禎壬午科

韓召花 崇禎壬午科

陳昔明 崇禎壬午科

國朝

陳命世 順治庚子科

何洗慶 康熙己酉科任湘陰縣知縣

文自超 康熙己酉科

劉衍均 康熙辛酉科任德清縣知縣

夏景宜 康熙辛酉科任沿山縣知縣

向璽 康熙甲子科任保寧府教授

何洪先 康熙丁卯科任東安縣知縣

高于松 康熙丁卯科任西充縣教諭

周儼 康熙庚午科

張元儁 康熙庚午科任潛江縣知縣

何銓 康熙庚午科

廖翊 康熙己卯科

何鉽 康熙己卯科

何義先 康熙己卯科

石鈞 康熙壬午科

向遵鵬 康熙乙酉科

沈昌文 康熙乙酉科

何鐙 康熙乙酉科

陳　珏　康熙戊子科　　陳　堅　康熙戊子科

冉洪瑨　康熙戊子科　　熊禹後　康熙戊子科

何行先　康熙辛卯科　　何　鉽　康熙辛卯科

湯　楷　康熙辛卯科　　夏　瑨　康熙辛卯科

周　珙　康熙辛卯科　　陳　果　康熙辛卯科

向達翔　康熙癸巳萬壽科　　向達翺　康熙癸巳萬壽科

高　旦　康熙癸巳萬壽科　　陳　峙　康熙甲午科

趙　鶚　康熙甲午科　　吳　昉　康熙甲午科

陳　岱　康熙甲午科

副榜

何憲先康熙庚午科　陳　理康熙庚午科

劉作鶚康熙己卯科　陳　廷康熙辛卯科

周　瑱康熙癸巳萬壽科

周　顯　康熙癸巳萬壽科

劉作舆　康熙己卯科　　陳　廷　康熙辛卯科

何憲先　康熙庚子科　　陳　理　康熙庚子科

副榜

明

貢生

夏　斐　任大理府知府

王　用　任荊門州知州

劉世武　任南寧縣知縣

文　行　任辰州府通判

文羽書

夏于霨

譚嘉禮

劉養高

夏　永

程九萬　任知州

夏　潢　任贛州府通判

劉養謙　任教諭

劉懷德　任興寧縣丞

毛來竹　任兩淮鹽運使

夏國祥　任大理府通判

譚嘉賓

黎民望

夏思旦　任順州知州

曹愈彬

文　物　任訓導

夏可澗　任訓導

藺希夔

潘騰瑞

文可瀟　任長泰縣知縣

王宸極　任蒲勒州知州

文可聘　任鄖西縣知縣

張于廷　知州

文可時　任訓導

羅琰任訓導

朱範[illegible]

夏世登

朱德盛

文可後任教諭

廖能貢

文可修

王藝極

王家楫

劉道任教授

夏于彥

文璧

譚元善任教諭

鄭于喬任教授

文可佩

汪文曙

沈映月

陳升晉

夏道碩

何振虞

劉之益

文曉

張天麟任盩厔縣丞

文珂

向日赤

向牖螭

國朝

陳輔世任蓬溪縣訓導

陳維世任洪雅縣訓導

陳任世

陳盛世

王德　何繼先任漢州訓導

劉寅　夏卉

湯非仲　汪學遂

朱昪　黃頁璽

熊禹裔　熊英

陳琫　皮時夏

舒翥　何英

吳士修　夏玠

夏玥任通江縣教諭

王　德　　　何繼先　任漢州判官

劉　寅　　　夏　升

湯非仲　　　汪學達

朱　昇　　　黃貞璽

熊禹疇　　　熊　英

陳　珪　　　安時夏

舒　藹　　　何　英

吳士修　　　夏　玕

夏　明　教任[illegible]江縣

武舉

張文英　康熙丁卯科　　王合樹　康熙己卯科

張永勝　康熙壬午科　　夏　瑒　康熙辛卯科

武階縣附

進士

宋

任大昌慶曆間　張芳成嘉熙間

蹇世芳咸淳間　韓鑄咸淳間

韓儔咸淳間　韓濤咸淳間

舉人

明

朱灝永樂御史　陳玘永樂間

國朝

徐仰廉康熙癸卯科

兵制

蜀天末遐方四塞險阻文教而外武備猶重盖
國家鑑古設制静以待動務收臂指之功者也涪雖腹裏之區然山高箐密藪澤易於藏奸駐防彈壓亦思患預防之意耳作兵制志

明設操兵五百名衛千戶一員百戶二員隸之守道並屬州牧管轄不時操練以禦地方護守城池倉庫即以衛田錢粮餉之

國朝設守備一員千總一員把總二員兵三百名駐防守禦於康熙四十年奉文守備移駐忠州改設把總一員兵五十名駐防城中

重慶府涪州志卷之二終

孝義

孝爲百行之原義屬四維之一所以正人心維風俗者正在乎此古來孝子義士史不絕書是皆稟天地之正氣植宇宙之綱常求之近代亦不盡乏雖在愚夫愚婦中皆有足述者作孝義志

明

文可黼布政作之子也父歿事母最孝詳見鄉賢

志

夏正居火峯灘生時父歿時年方五歲訪父墓而哭極哀後遭母喪廬墓三年憲司題表孝子官有碑刻並傳記

文經庠生事親至孝兩院奏聞賜旌獎孝子官列坊於宗祠之左

國朝

周儼字墨潭孝廉儒之兄也爲人慷慨尚義行

敦孝友當逆賊肆害時儼欲負父潛逃不幸爲賊所執兩臂受傷血溢昏憒竟夜方甦及弟儒被害卒儼事親倍謹父足疾不能行立儼出入必親扶之先達贈詩有以身作杖之句母先喪儼與妻徐氏事父孝養備至毋進食夫婦必共視之食畢乃退卒以爲常及父病篤儼親嘗糞跪請多醫以治之及父歿居喪悲號屢至嘔血水漿

不入口形容枯槁越七日而鬢髮頓白鄉人見之靡不嗟嘆至弟婦孀居兩侄孤幼視如已子朋友有急必周濟之即有託妻寄子者亦不畏難而任之人謂孝友節義萃於周氏一門洵不誣也

周

儒字魯生孝廉與兄儼事親均以孝名每遇親疾儒輒焚香祝天願減已筭以益親壽於康熙庚申年忽遭譚逆兇刼戈戟擁門

舉家驚遁儒父名茹萘年老臥病兼有足疾難行賊欲害之兄儼以身捍親其首自刃儒急父兄之難衝圍巷戰利刃傷額後得四隣奔救賊乃遁隨視父兄猶在縛中儒急觧父兄之縛悲號欲絶延三日創發死之儒妻章氏茹苦守節生子二長名項次于璠俱依伯父儼存撫之人謂子孝婦節其後必昌及項遊庠中

萬壽科副榜咸稱為快事

黄志煥康熙巳丑年夏五月城中火灾前一日其父病卒及火焚延至屋志煥不顧家貲先負母出復進屋啓父棺負父尸突烈焰而出是日州牧董維祺躬督救火目覩其事即聞於郡守俱額奬之

張九經有客藏金于銅佛中寄其家後被盜以佛故未攫去客至意其必亡也九經盡歸之

客感分謝九經竟不受人服其義

武隆縣附

明

王應元家貧居鄉力農養父每父出應元必候於途扶之以歸一日父醉臥元往田家罹火災急奔同烈焰甚熾身濡泥水出而復入如是者三號哭火中抱父而死

毛宗成父早卒事母孝力農以贍養適盜至宗成負母匿林中垂淚周旋得免於難母卒葬於室側日往視之至老無倦

節烈

婦操茹荼貞媛矢志抑坤輿之所鍾歟蓋得陰氣之正自覺氷霜凛凛足愧鬚眉殆非巾幗之謂也涪陵山峙水廻毋多西南間氣芳閨懿範彤管堪垂司風化者當急爲闡揚也作節烈志

節婦

明

王氏張德星妻年十九夫卒子元方二歲鞠育至成童遣就外傅躬織紝以給之歲時祭祀必精潔誠敬後元領鄉薦元子善吉孫桂皆成進士人以爲苦節之報云

馮氏張孔時妻年二十二歲夫卒撫孤子養舅姑孀居六十四年而卒有司表其門焉

蕭氏任學妻年十九夫卒極貧無子遺一女又卒事姑孝誓死不二又爲姑庶子經營完娶年八十二而終

范氏吳凹妻年幼夫卒極貧無子其兄憐其寡且貧迎之還弗許州守廖森聞而存恤之年八十五而卒

夏氏生員張翮妻年十九夫卒子女俱無豪家請姻氏割耳截髮以異節題請旌表建坊

許氏劉大節妻年十九夫卒遺腹六月生子撫養營葬舅姑至今稱其地爲節孝里

龎氏文可宗妻年二十一歲夫卒氏營葬兩姑嫁三女守節七十六歲乃卒州牧張時廸詳請詔旌表其門

朱氏儒生張親仁妻夫卒事姑最孝孀居至老奉旨建節孝昭垂之坊

劉氏都諫秋佩公之女適進士錢玉之子年十九夫卒廬墓夫傍誓死靡他躬辟纑爲造四橋時有名人題咏謂父忠女烈云

張氏儒士沈掞妻節孝石坊現存揸井壩

趙　氏陳一廉妻年二十夫卒撫二子生三孫共
領鄉薦年九十三卒詳請旌表建冰心映
日之坊
王　氏文武之妻武早卒氏年甫十八事姑以孝
貞静慈和言動惟謹有勸其改節者氏割
耳剃面以示堅貞守節五十年州牧具聞
旌表坊賜節孝流芳四字

國朝
王　氏州民曹仲道妻仲道與淫惡况榮謙比屋
同居於康熙四十一年二月二十四日榮謙
見仲道外出用計誘氏氏堅不受污榮謙
即持斧脅逼氏矢堅貞仍詈罵不絶口榮
以斧劈氏頭顱越五日隕命具報州牧徐
煩招擬請
憲將榮謙正法氏
欽賜銀兩建坊旌表

楊　氏武林彭長春妻幼而貞靜年十七適長春越二年而夫歿遺腹生子宗舜艱辛撫養事翁姑孝養倍至姑病篤割股以救姑歿事繼姑無異教子宗舜讀書苦節三十年後宗舜得列膠庠頗慰氷孀之志宗族鄉黨稱爲節孝云

黃　氏明經向日赤之繼妻氏秉性貞靜寡言笑廿寵約日赤爲賊所害氏青年失志撫子

端曁兩女嫁娶婚配艱苦備歷後端夫婦俱歿氏又撫其孫遠鵬曁二孫女焉茹荼三十餘年而卒至康熙乙酉科孫遠鵬登賢書郡人皆以爲氏苦節之報云

吳　氏郡人楊芳林妻夫被賊身故氏年廿餘茹荼守節備歷艱險子二長奇次名時紡績督課不減丸熊畫荻年五十而卒時有學憲並邑侯額其門曰栢舟之操孟姜一派

令名時膺歲薦竒之子維楫亦列膠庠不

負冰霜之志郡人賢之

烈女

明

夏　女夏子霄女自幼不字喜讀書屏膏澤家人呼爲老姑年四十卒李長祥爲之列傳今有墓碑記在韓市

文　女明經文驍之女也明季甲申隨父避兵酉陽途次遇賊欲犯之女怒曰我名家子豈受辱耶賊鞭棒交加百折不從至夜乘隙自經時督捕文有菴樹碑塋之墓在彭水縣治北二里

隱逸

人不論顯晦以克樹範於鄉井者爲高故韓子曰發潛德之幽光若較其道蓋尤難於登高而呼藉遇而顯者是非抱璞守貞者鮮克淡然於軒冕中也作隱逸志

明

晏亞夫性恬淡高潔博學嗜古不樂仕進郡人咸稱其賢春秋配祀四賢故總志又謂五賢

祠云

蘭希夔號雲門博洽典雅潛心理學著易行世一時向慕甚多名其館曰萬松窩從遊者千里舉集有强之仕者夔曰名教中自有樂地何以官爲

文

淵號躍吾精書翰長風雅足不履廛市性最潔多栽花竹以適懷生五子植五桂於庭彷彿燕山竇氏勉子力學長者成三楚賢

介紉者登賢書孫枝皆詞壇杰士

劉昌祚號瀛台美丰儀精詞翰雖屢世望皆毫無貴介氣神宗朝以祖忠愍公之廕屢吉起用皆高尚不就時有七叟爲侶共聯題咏今江心石魚尚存七叟勝遊之刻

夏可洲號海鶴博通詞賦讀書大渠間架草亭於江岸日吟咏著述渝州倪司農禺同顏其居曰楚史堂因贈一聯云有才司馬因成史未老處卿已著書始循名露副榜繼則身遠市城人號楚史名儒

夏可淇庠生博古自奸屢舉不第乃退以詩書娛老嘗以古人篤行自勵曰學古入官若入官而鮮效不如不入官也居家孝友謙讓與兄可洲號夏氏二難

流寓

士君子桑弧蓬矢志在四方詎曰生於斯長於斯遂安土重遷無事車轍馬跡爲耶紀其遺跡能無嚮往作流寓志

宋

尹焞洛陽人少師事程頤靖康初以薦召至京師不欲留賜號程靖處士次年北人入洛焞闔門遇害焞死復甦劉豫以禮聘焞不從乃自商州奔竄紹興四年止於涪就頤註易北巖山闢三畏齋涪人多宗之後以范冲舉召爲崇政殿說書辭以疾冲請命漕臣至涪攙迎乃就道

王克梁州人遊黔南時黃庭堅謫於涪與克相愛甚篤庭堅書曰南克王子美其質溫粹久與之遊見其誠心而不疑循理而兢兢

仙釋

聖賢謂仙釋怪誕不經擯而勿問然賈島初爲道士力學登第程灝出入釋道卒爲大儒蓋以佛氏之三歸即君子之三畏也空門之五戒即儒道之五常也名雖異而義則同烏可畧歟作仙釋志

唐

藍冲虛涪人居祖師觀神龍乙巳秋一夕乘雲而昇

爾朱仙名通微別號元子其先出於元魏爾朱族遇異人得道唐僖懿間落魄成都市中於江濱取片石投水藥莫測後自果至合賣丹於市價十二萬刺史召問其價更增十倍以其反覆盛以錢籠棄諸江至涪漁人姓石者得之授以丹二人俱仙去

王帽仙出入閭閻爲人修赦冠號王帽子暮則臥於州天慶宮一夕觧尸而去道士爲葬之

月餘自果山貽書致謝之

帝　昉蜀人夜渡涪陵江忽遇龍女遣騎迎入宮

後昉登第十年知簡州龍女復遣書相迎

勅命昉爲北海水仙

元

竇　崖涪人幼寡言不嬉戲棄家爲僧以布裹五

指燒之曰信佛如此可也人以爲瘋疾問

何不治荅曰身在空耳四體五肢復何有

耶投火滅身而心不壞

明

林　端號虛泉涪人名家子生而穎異就外傅時

常見黄冠相隨父母問其人俱不荅每笞

之僅受三棒多則避之其鞭策皆生肉矣

恒負行李入人家或主人不接則虛掛中

堂與食則食不與則囊中諸饌悉備異香

滿室反請主人共酌極盡歡乃去適州守

過訪頃刻珍羞羅列海物生果無不列俻而筵上偶多蠅蚋守問虛泉曰是可驅否曰可喚侍役取泥一握揑作蝦蟆数隻跳躍筵上諸蠅蚋盡去是夜守宿其家深悪池塘蛙聲聒耳又問虛泉曰是又可驅否曰可即取架上白紙数張碎作寸許投之水中其聲遂止次早視之則諸蝦蟆項上各帶一紙枷喉欲作聲不能矣然告守皆

正大語絶不爲幻誕之言且囑以省刑薄斂忠君愛民之事謂某雖多戲術不過獄容小技耳故一時縉紳與之交初不以爲埃後滇中沐上公遣使迎去遊諸名山不知所之此萬曆間事也

烏豆禪師成弘間住涪之白雲閣数十年不火食惟日荷鋤掘生烏豆以適口雖嚴寒雪凍赤足單衣以棲巖畔時山多虎鄉人患之

師即縱其穴虎不敢近而去日有白雲覆其上雖晴空皎日一嶺如錦雲亦不散樹髯方腫而不言壽以欺人海藏滿腹而不言幻以惑世時劉忠諫公喜其人與之友後坐化其體不毀至今人以石塔龕之碑記尚存云

碧峯和尚棲郡南之龍洞寺得道前知時文侍御徽時讀書寺中每試其事無不驗一日與

文對坐偶大啁曰公僕有捋餉自家來者途次遇虎我爲公遂之公初不信少焉家有人至匡罷俱碎云值虎於途得暴雷擊之而散又文有弟同館其攻苦如一而僧曰文伯子當貴顯惜不壽文仲子雖止明經郡以耋者終後果驗卒之日以火荃而一鄉於烱焰中見其依然如生焉

祥異

古今言灾祥者率祖洪範與春秋傳其他史冊所載代不絕書要皆立論以垂戒修省非徒托之異說也其間治世之符亂世之兆無不旋至而立應者勿謂方州百里闒遂可畧而弗載也作祥異志

宋

雍熙四年有犀自黔南入州民捕殺之獲其皮角

淳化三年摩圍洞慶雲見石生鱗鬣

咸平元年八月涪州大風壞城舍

大中祥符元年秋七月黔州嘉禾異畝合穗十二月黔州芝草一莖十一枝若山峰狀

天聖元年三月涪陵金銅佛像出於土

慶曆三年七月戊辰夜西南生黑氣長三丈許經天而散

紹興二年涪州大疫死者數千五月渝涪皆旱

十五年四月丙申彗星見参度五月丁巳化爲

客星其色青白至六月乃消六月乙亥朔日食

於井

明

正德十六年武隆甘露降

嘉靖二十一年武隆清溪左山崩

二十三年武隆鬼入市扃人

三十四年武隆少婦生鬚

萬曆二年武隆螟虫生禾根如刈

八年三月武隆雨沙時黃雲四塞牛馬嘶鳴沙

積如堵

十四年三月武隆火龍見其長亘天

重慶府涪州志卷之三終

